# THE TIME-BLOCK PLANNER

## A DAILY METHOD FOR DEEP WORK IN A DISTRACTED WORLD

# 深度工作实操手册

## 不要让你的时间碎片化

[美]卡尔·纽波特 著  袁婧 译

CAL NEWPORT

民主与建设出版社
·北京·

# 前 言

# 时间块的力量

>>>>>>>>>>>>

时间块计划是我在过去15年中使用的一种完善的个人生产力系统。在此期间，它帮助我在麻省理工学院（MIT）获得了计算机科学博士学位，在乔治城大学（Georgetown University）获得了终身教授的职位，出版了6本面向普通读者的图书，其中包括多本畅销书。最重要的是——也是我认为这一系统有别于其他系统的特点——我每天的工作基本都在下午5点30前结束。我需要把晚上的时间空出来照看三个年幼的孩子。这一生产力系统让这一切变为可能，而现在你手中的这本计划手册能够帮助你在自己的职业生涯中实践这一系统。

在接下来的篇幅中我们会详细说明，这一系统的核心是一个简单而强大的策略，叫作时间块（time blocking）。大多数人工作日的状态都是在参加会议、回复电子邮件和即时消息之间短暂的空隙里努力划掉任务清单上的事情。相比之下，时间块要求你提前想清自己要如何度过一天中的每一分钟。这和一般而言的"高效率"并不相同，你需要给时间块分配具体的工作。这种从管理任务到管理时间的转变可以大大增加你完成有效工作的数量。它还会通过对日程安排的控制感减少焦虑。

时间块并不是我的发明。一旦人们开始认真思考个人生产力的问题，就会自然了解这种方法的好处。本杰明·富兰克林（Benjamin Franklin）在自传中解释："我的每件事务都有规定做完的时间。"他提供了一个时间块规划的样本，将自己清醒的时间分割成不同的时间块，每个区块用于从事不同的生产活动。彼得·德鲁克（Peter Drucker）在其1967年出版的经典著作《有效的管理者》（*The Effective Executive*）中呼应了富兰克林管理时间而非管理任务的看法。他写道："在我看来，高效的管理者并不会从任务出发。他们总是从时间出发。"近期一篇发表在知名职业网站上的文章称："比尔·盖茨（Bill Gates）和埃隆·马斯克（Elon Musk）都使用时间块的方法帮助他们达到了'可怕'的成就水平。"

换句话说，这种方法是认真的生产力狂热追求者使用了很多年，并因此取得了巨大成功的方法。这本计划手册会向你提供设计适用于自己的时间表所需的工具，帮助你跟上节奏。这本计划手册和你的日程表完全不同。越来越多的公司要求员工共享数字日程表，我想你已经用各种会议和安排把日程填满了。即便你把日程表上的内容复制到时间块的表格中，它们也不会长期停留在这里。

计划手册也不会成为存储当前各项负责的事务的备忘录。现代知识工作者无时无刻不承担着数以百计的此类任务，显然每年在纸质笔记本上腾挪这些内容也是不切实际的。在使用这本计划手册时，你可以把存储在其他系统中选定的任务复制到时间块的表格中，但和会议安排一样，它们也不会长期存储在这里。

时间块计划手册关注更具体的目标：充分利用每天分配给工作的时间和注意力，让你知道自己要做什么。这个计划手册可以帮助你做更多的事，并且比你预想的更有目的性。前言已经说得够多了，现在让我们深入了解一下如何使用这个计划手册。

完工状态

第 1 周　第 1 天

每日目标

目标追踪

完工确认 ☐

| 任务： | 想法： |
| --- | --- |

收集栏

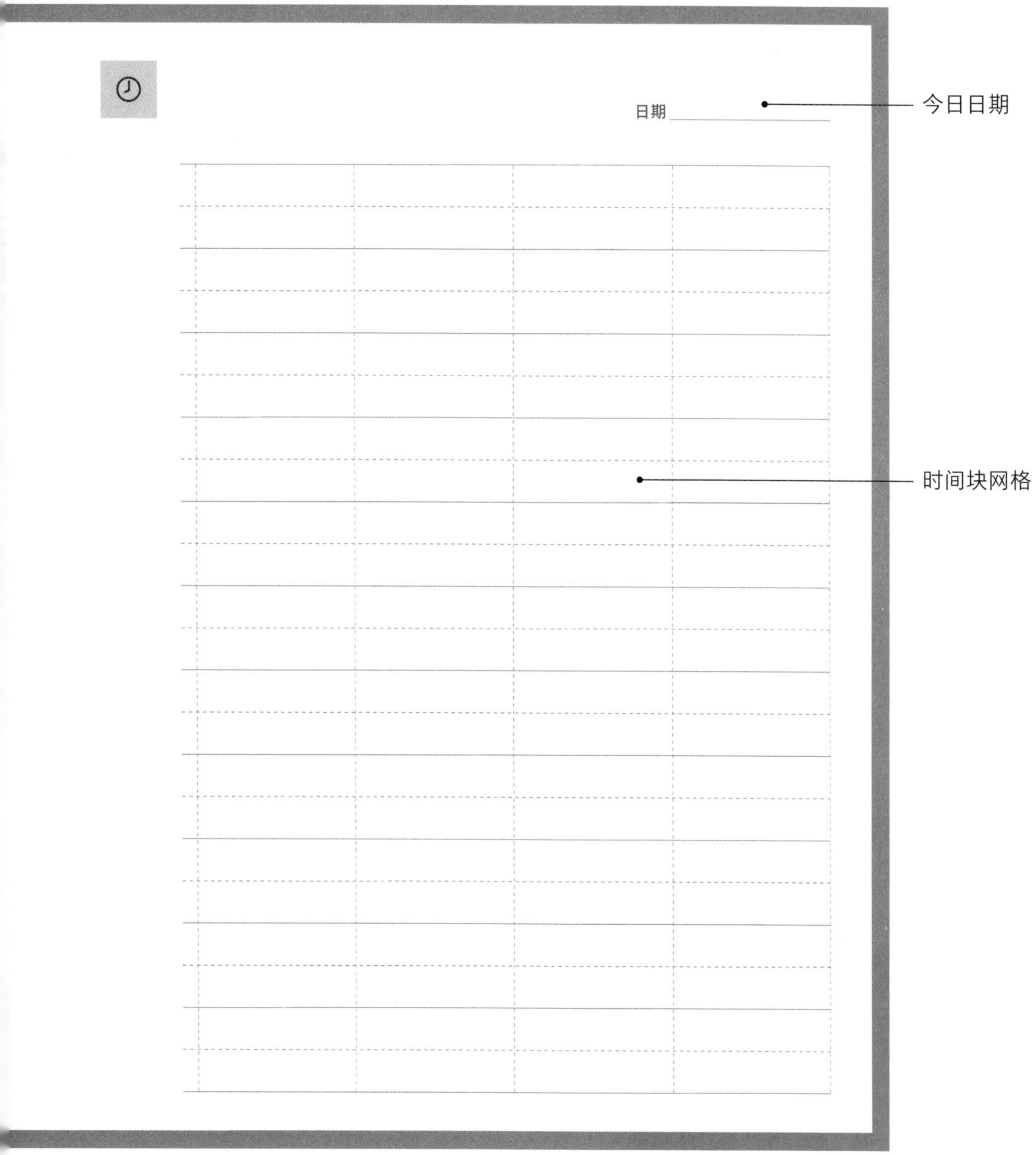

日期 _____ ——— 今日日期

——— 时间块网格

图1

# 时间块计划手册使用说明

>>>>>>>>>>>>>>>>>>>>>>>>>>>>>>>>>>>>>>>>>>>>>>>>

时间块计划手册给每个工作日留出了两页纸，我称之为"每日版面"。它还给每周留出了两页纸，我称之为"每周版面"。我们会在后面的说明中讲到每周版面。现在，让我们把注意力集中在每日版面上，它们是这个系统调度规则的关键。

如图1所示，每日版面包含以下几个元素。右手边是时间块网格，这是你维护某一特定日期时间块计划的地方。左边相对应的一页，用于收集在执行时间块过程中出现的任务或想法。把这些扰人的事写下来，之后处理，避免转移注意力。每日版面左侧还有一个目标追踪的方框，这个目标指的是对职业生涯至关重要的事。在这个方框里还有"完工确认"的复选框，表示你已经完成了一天的工作。你会发现，这个打钩的仪式是这个系统的爱好者的最爱。

让我们从最重要的时间块网格开始，一个一个了解每日版面上的元素要如何使用。

## >>> 使用时间块网格

工作日开始之时，翻到空白的每日版面上，在右页顶部的横线上记录日期。现在你可以为这一天制订时间块计划了。这样一来，你就需要使用时间块网格，它也在右侧的页面上。表格中每条实线代表一小时，虚线代表半小时。从上向下写，在页面左侧的实线上标出一天计划工作的小时数。例如，如果你从上午9点工作到下午5点，就可以在第一条实线上标记9：00，在第二条上标记10：00。以此类推，直到5：00。

现在你可以为这些小时制订时间块计划。当你规划一天的日程时，使用网

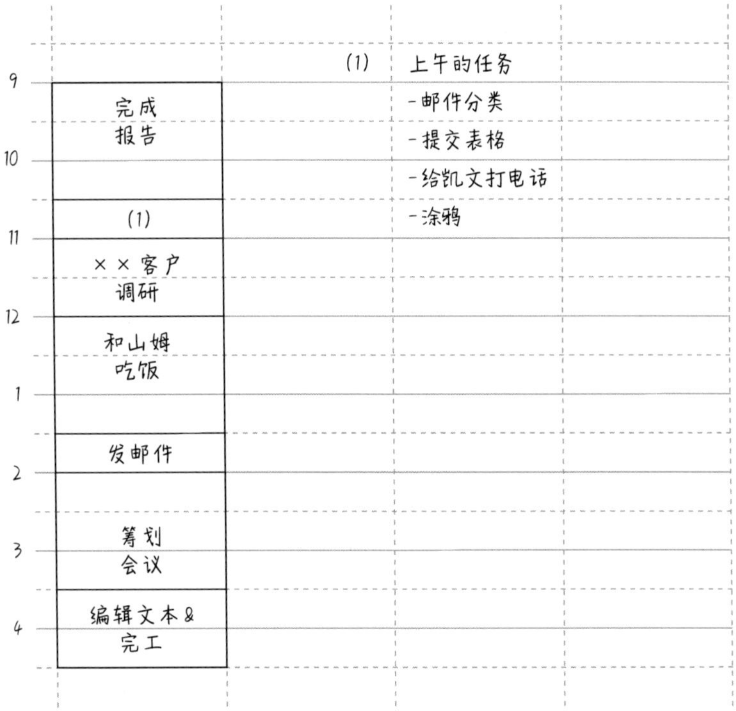

图2

格的第一列。随着时间的推移，如果你要修改计划，再使用其他列。

要构建日程表，请将工作时间划分为若干时间块，并为每个时间块分配要完成的具体工作。在时间块网格上记录的日程，要在每个时间块上画出方框，然后写下分配给这段时间的工作。如果你在描述一个时间块时需要更多地方，比如想在一个小块中列出计划完成的多个任务，可以在区块上标一个数字，然后在时间块网格右上角做一个额外的列表，在左边标上相同的数字，写在这里是因为它基本不会妨碍到你的修正计划。具体请见图2，它展示了一个时间块计划表呈现的效果。

列好时间块计划表之后，看看自己在用的日程表，确保各种会议和安排都加进来了。接下来要决定的是如何利用剩余的空闲时间。为了帮助自己做出选择，请参考用来跟踪和组织任务、项目、长期目标或眼下任务的外部系统。日程表是为了帮助你在正确的事上取得进展的工具。

最后，记住一点小技巧，比如在一天的时间中，较早的时间更适合思考，较晚的时间更适合做小任务，当然这也与你的个人感受有关。如果你精疲力竭，就需要一个帮助你完成行政类工作任务的时间表；如果你精力充沛，可以留出大块不间断的时间来处理麻烦的项目。

随着一天的展开，要依据时间块计划手册来确定不同时间做的不同工作。重要的是不要让自己的注意力分散。专注于当前区块的工作安排，直到把它做完。如果需要休息，也要安排好，列出来。

当然，人难免会偏离计划。比如，某件任务花费的时间比预计要长，或你的老板要求你停下手头所有事去处理一个新的紧急任务。在这种情况下，并不是要放弃时间表，而是在接下来有机会的时候修正它。要做到这一点，首先要划去当前日程表中剩下的时间块。然后，在当前日程表的右侧为剩余时间创建一个新的日程表，并将注意力转向执行这一列新计划。如果修改后的日程表在某个时间点中断，则重复相同的修订过程：划掉接下来的时间块，在右侧一列安排新的时间块。图3展示了修订日程表的效果。

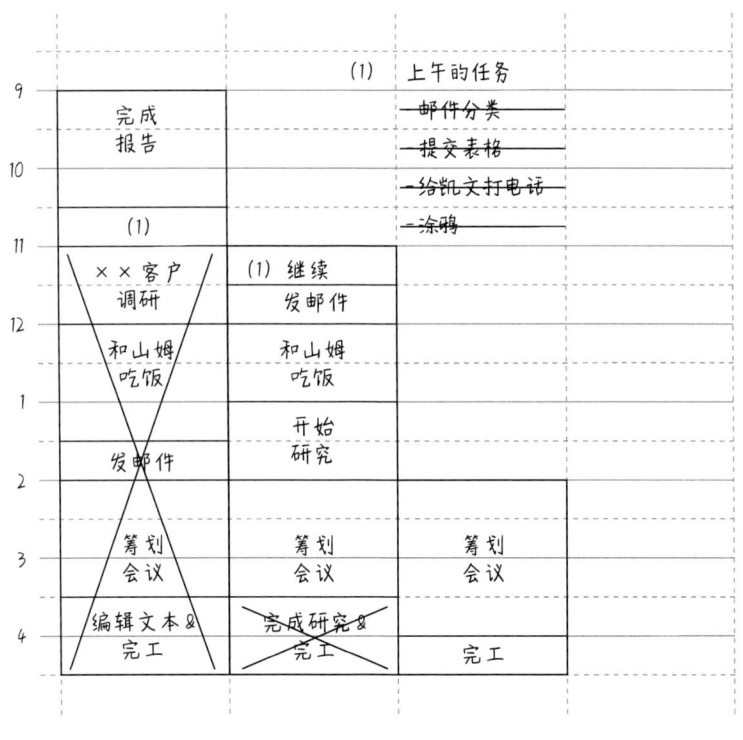

图3

你可以用铅笔来制订时间块计划，有变动时便擦除，并在同一列中重新安排。通常我不会这样做，原因有两个：一是擦除重写可能会弄乱表格；二是我喜欢对所做的更改进行记录，这些可以帮助我后续认识到日程安排中的不妥之处。

## 时间块计划进阶建议

### 建议1：接受对日程表的修订。

时间块计划的目标并不是无论如何都要坚持原来的日程表。相反，你应当总是有意识地计划不同时间做什么事。如果现实情况推翻了日程表，并不代表着失败，变化本身也是策略的一部分。等到接下来有机会修订的时候，只要把一天中剩下的时间安排好就可以，这样就会有意识地把注意力集中在某些工作上。

### 建议2：一开始，留出的时间要比预计完成的时间多一些。

时间块计划的新手常常会低估日常工作实际花费的时间。如果你是新手，可以在自己认为合理的时间上增加20%~30%。这样可以减少不必要的时间块修订工作。在执行了几个月之后，你会对时间长短有更实际的体会，能够将时间块安排得更加精确，减少修补。

**建议 3：将查收邮件和即时消息列入对应的时间块中。**

很多知识工作者并不会将查收电子邮件或即时消息作为一项独立的工作。相反，他们认为这些是与主要工作平行进行的。我强烈反对这种看法：由于切换任务时神经网络是有耗损的，即便是快速通过这些渠道查看信息，也会明显降低你的认知能力。要把查收电子邮件和即时消息安排在自己的时间块里。当进行到"沟通"时间块的时候，其他什么都不要做，只做沟通的工作，而当你不在这个时间块里时，就完全不要沟通。如果工作需要你经常查看这些信息渠道，那么安排多个时间块来做这件事，但不要让这种行为在后面以非正式的形式进行。

**建议 4：使用"附加块"来增加计划的灵活性。**

如果你不确定某件工作需要多长时间，可以把它分成两块：第一个区块专门用来处理这件事；第二个区块用来做第一个区块的附加块。如果这件事需要更长的时间完成，可以在第二个区块中继续做；如果事情已经做完了，在第二个区块中做一些其他备选要做的事。通过这种方式，即便是遇到不明确时间长度的工作，也可以避免不必要的日程修正。

### >>> 活用事件收集栏

每日版面左侧有写着"任务"和"想法"的两个栏目,它们存在的意义很简单:如果在执行时间块计划时遇到新的任务或有了新的想法,可以在收集栏中速记下来,稍后处理,然后立刻返回到当前执行的任务中。

例如,有个人突然闯进你的办公室要求你为他做一些事,或是当你走出会议室的时候,突然想到了解决某个紧迫问题的方法。只要在计划表中的指定区域把这些干扰认知的内容写下来,就可以避免注意力从当前的时间块转移走。你知道自己不会忘记这些事,因为它们就白纸黑字地写在你的每日版面上。如果没有这样的收集栏,对遗忘的恐惧很可能会促使你放下手里的一切去处理它们,承担起新的工作,这样只会把你对日程安排的控制权从自己的意图移交到别人的突发奇想上。

如果你需要在当天晚些时候根据新信息采取行动,那么收集栏会为你把信息保存起来,直到你找到合适的时间块把它们修订进去。如果这些事没有那么着急,那么可以将它们妥当地存储在收集栏中,直到一天结束时完成完工仪式(很快我们会讲到这一点),你可以将它们转移到用来追踪自己任务的系统之中。

### >>> 目标追踪

运用时间块的艺术在于弄清要给自己安排什么样的工作。其中有些安排是很明显的，比如需要赴的约或即将迎来截止日期的项目。但是，你仍然有很多需要自由决定的、不太紧急的事。此时，个人目标可以帮助你向着对你来说最重要的长期结果前进。

个人目标描述的是你认为具有可量化价值的某种重要行为。例如，许多读过我的《深度工作》(*Deep Work*)一书的读者会记录自己每天在不受干扰的情况下，花了多长时间在认知要求高的工作上。他们接受了我的观点，认为在竞争日益激烈的知识经济时代，应当优先考虑这种"深度工作"的内容。他们每日深度工作的小时数是一个个人衡量标准，反映了他们如何对自己履行这一承诺。

有些工作可能会自带一些衡量标准，可以用它们来定义具体工作类型的行为。例如，如果你是个销售员，每天打电话的数量就很重要；如果你是个领导，可以记录自己一天中跟进了多少不同团队成员的工作进度。有些指标可以量化为数字，另一些则是二进制选择：要么做了，要么没做。你可以设计一个简单的复选框，看看自己的一天是否是以空的收件箱或在线填写时间表结束。

你还可以记录与工作关系比较松散的个人指标。以我自己为例，我坚信只有健康的身体才能支撑健康的思想。因此我每天会记录以下信息：走了多少步、是否锻炼、是否健康饮食。严格来说，这些个人指标并不能描述工作效率，但我记录是因为它们对我有具体的工作价值，最终它们会影响我能从大脑中提取出多少有用的思维。

收集栏上方空白的方框就是每天记录这些指标的位置。你只需要简单写下目标的名称和相关值——可以是一个数字、一串零散的符号或一个简单的复选框。记录个人目标的目的有两个。首先是心理学层面上的。一天结束时记录这个关键的行为信息，可以激励你在安排时间块计划表的时候向此倾斜，毕竟谁也不想记下一个难看的值。

第二个目的是提供信息。目标追踪框记录了你每天在执行关键工作时的表现，从这个记录可以看出趋势。例如，如果你记录的是深度工作的时间，你可能会注意到这些值在周二和周四急剧下降。进一步研究后会发现，这两天有几个定期会议，它们分散在一天各个时段，把时间块切断了。问题确定后，你可以对其进行简单的修订。在这种情况下，或许你可以把会议时间重新安排一下，腾出一个早晨的时间来深度工作。

总而言之，如果某件事对你格外重要，就在目标追踪中记录它，简单的习惯可以帮助你在日常安排中有更多有意识的行为倾向。

### >>> 完工仪式

系统中一个最重要的日常安排就是设计一个完工仪式，帮助自己的思维更彻底地从工作模式切换到非工作模式。这个仪式的细节很简单。每天的日程表结束时，最后一步就是停止工作。要做到这一点，首先要确保个人指标已经记录完毕，接下来浏览一下收集栏中的任务和想法，判断要怎么处理它们。某些情况下，你可能需要将新任务添加进系统中；而在其他情况下，你可能需要更新日历，或是发一条短消息。

处理完收集栏的信息，简要回顾一下其他潜在的悬而未决的工作任务。对大部分人来说，也就是最后看一眼电子邮件收件箱，确保没有错过什么紧急的事情，以及查看自己的日历和任务跟踪系统。做完这些检查工作后，检查一下自己的周计划（我们会在后面详细讨论），根据需要更新信息。这样做的目的其实是说服自己没有忘记或错过什么，也没有什么只记在了脑子里，让你对未来的生活有合理的计划。所有这些工作都是为了让你的大脑注意力完全从工作切换到工作之外的生活中。

要完成这个过渡，你需要在"完工确认"的复选框里打钩来完成这个仪式，这个复选框就在目标追踪的方框里。（我把这个复选框放在目标追踪的区域，是因为记录自己有没有完工本身就是一个目标。）到了晚上，如果你感到工作的焦虑在周围嗡嗡作响，大脑开始烦躁，总想着要写电子邮件，或是无休止地思考自己将要开始的一个新项目，你可以通过简单的提醒来阻止自己陷入其中："如果我有今天做不完就过不去的事，肯定不会在完工确认的方框里打钩。"通过这种方式，你在没有触碰到具体焦虑事件的前提下解决了焦虑问题。

在我研究生的早期生涯中，我就养成了这个习惯，唯一的区别是我会大声说出"完工确认"，而不是在方框里打钩。（多年以来，正如我写到的这个方法一样，"完工确认"已经成为我的忠实读者们的口头禅，成了让我莫名其妙高兴起来的怪事。）根据我的经验，如果长时间因为工作而陷入焦虑中，我大概会用一个星期的时间开导自己，等到大脑知道我不会放任自己沉溺在深思之中后，就减少了烦恼的冲动。你可能也经历过类似的事。如果严格履行这个完工仪式，你很快就会发现自己不仅工作时更加努力，下班后的时间也比之前恢复得更快，过得更好。

### >>> 每周计划版面

在以上说明中，我们讨论了日常版面上的各个功能。此外，计划手册中还有另一种版面：对每周的工作进行计划。与每日版面相同，每周版面也有两页的位置。但与之不同的是，每周版面几乎没有预先设计好的原始格式。你会看到两个空白页面，可以在上面按自己喜欢的格式制订周计划。

正如我在2014年的一篇关于此问题的文章中所写的："我发现灵活性是至关重要的。你的计划风格和样式应当与未来一周的具体挑战相匹配。"随着挑战内容的不同，计划的样式也会发生变化。例如，在我自己的周计划中，某些时候我会想逐天单独写计划，如下面这个案例所示：

**星期一**

- 从任务集中的区块开始，本周先把清单上的一些小事完成。一定要完成奖惩报告。
- 为课程做准备，然后做研究工作。
- 用一到两个小时的写作时间来结束一天的工作。

**星期二**

- 早点去办公室准备即将提交的论文。
- 中午主要是教学/办公/会议。
- 一天结束前的一个半小时去科学图书馆，前一个小时写作，最后半小时完成一些小任务。

这个周计划的样式为后续提供了详细的指导，之后我还会据此给每天做一个时间块计划表。但是有时候，我觉得站在更宏观的角度计划更合适。例如，未来几周塞满了会议和待办事项，我会用每周计划来提供思路，告诉自己如何运用每天余下的空闲时间。例如：

### 研究

本周的目标是找时间给新的流言算法修改正确性证明。上下班途中头脑风暴。每天试着多挤出一小时来集中精力思考。

### 小任务

清单上有很多待办的小事。每天早晨根据清单做半小时，然后去学校。每天工作结束前也做半小时。此区块包含查收邮件。在忙碌的一周结束前，60分钟的小任务时间应该足够让我的头脑清醒过来。

### 会议策略

本周每个安排好的会议结束后，再用15~30分钟的时间处理和理解会议中拿到的新任务。否则，这些任务会堆积起来并造成压力。

这里的周计划样式并没有详细说明每天要做什么，而是给出了一些关于利用剩余空闲时间的建议。这里提供的案例只给出了两种制订周计划的可能性。关键是在未来的一周中，看看哪种样式对你最有效果。

无论你用什么样式，都应当在周末或周一早晨制订周计划。制订计划的时候，利用日历或其他追踪任务、项目和目标的系统进行辅助。有些人喜欢用清空电子邮箱的收件箱来辅助，这样会让他们感觉新的一周开始了。而对其他人来说，这样做可能不太合适。无论如何，制订计划需要时间。我通常会花30~60分钟了解下周要发生什么事，然后决定如何处理它们。

最初你可能会觉得浪费时间，就好像是浪费掉了具体工作的一小时。我希望你能改变这种想法。计划可能需要提前花费时间，但它会为接下来一周带来更高的生产力。这样做的益处多多，能帮助你确定最重要的工作模式，帮助你计划完成更多事情。例如，周三到周五会有很多客人到访，相当忙碌，你就可以在周一或周二挤出更多大块的深度工作时间来弥补。如果你知道自己周五一天都不在，就可以调整好周四的时间表，确定自己在离开前把剩下的事都处理好。

有时候，你的每周计划习惯会促使你修改日程表上已经安排好的约会。例如，当你发现自己怎么也挤不出足够的时间来完成一项重要工作的时候，就意识到自己要取消安排，或给一些非紧急的约会重新安排时间——比如和同事一起喝咖啡，或是为一个不确定的项目召开头脑风暴会议，这样才能为更紧急的工作腾出时间。

周计划之所以很重要，还因为它容许你处理需要一天以上才能完成的目标。例如，如果你在一周开始之初决定要完成一项用时10~15个小时的研究或写作任务，那么周计划可以帮助你在接下来的日子里把工作分散开来。如果只做一天的计划，并把工作堆在一天完成，那么最终完成的可能性就很小了。

把宏观的每周计划和详细的每日计划相结合，才能释放出这个生产力系统的全部潜力。二者的结合可以帮助你像移动棋盘上的棋子一样安排任务，构建起日程，在完成大量工作之余，还能应对各种消耗时间和注意力的小要求和小任务。当你的同事们疯狂应付着源源不断的工作和截止日期，不惜用加班来弥补自己计划表的马虎安排时，你却可以以足够的信心度过每一天。

每周计划要仔细安排，然后利用它来制订更有效的每日计划表。坚决执行这些计划表，等到一天结束时，进行完工确认。这样的职业生涯节奏极其高效，且令人感到愉悦。计划手册这样设计就是为了帮助你实现这个目标。

## 未来一周

▶▶▶▶▶▶▶▶▶▶▶▶▶▶▶▶▶▶▶▶▶▶▶▶▶▶▶▶▶▶▶▶▶▶▶▶▶▶▶▶▶▶▶▶▶▶▶▶▶▶▶▶▶▶▶▶

我们大部分时间都在以自动模式行事,没有太多时间去想我们在做什么。这是个问题。如果你不能养成平衡深度工作(deep work)和浮浅工作(shallow work)之间关系的习惯,不能养成行动前停顿一下的习惯,不能问一下自己"现在做什么最合理?",就很难防止琐碎的工作悄悄铺满日程表的每个角落。

▶▶▶▶▶▶▶▶▶▶▶▶▶▶▶▶▶▶▶▶▶▶▶▶▶▶▶▶▶▶▶▶▶▶▶▶▶▶▶▶▶▶▶▶▶▶▶▶▶▶▶▶▶▶▶▶

# 第 1 周　第 1 天

每日目标

完工确认 ☐

| 任务: | 想法: |
| --- | --- |

日期 _____

# 第1周　第2天

**每日目标**

完工确认 ☐

| 任务： | 想法： |
|---|---|

日期 _____

# 第1周　第3天

每日目标

完工确认 ☐

| 任务： | 想法： |

日期

# 第 1 周　第 4 天

每日目标

完工确认 ☐

| 任务： | 想法： |
| --- | --- |

日期

# 第 1 周　第 5 天

每日目标

完工确认 ☐

**任务：**　　　　　　　　　　　　**想法：**

日期 ＿＿＿＿＿＿＿＿＿＿＿＿＿＿＿＿

## 第 1 周　第 6 天

每日目标

完工确认 ☐

| 任务： | 想法： |
| --- | --- |

日期 _____

## 第 1 周　第 7 天

每日目标

完工确认 ☐

| 任务： | 想法： |
|---|---|
| | |

日期

# 未来一周

>>>>>>>>>>>>>>>>>>>>>>>>>>>>>>>>>>>>>>>>>>>>>>>>>>>>>>>>>>>>>

很少有人真的愿意花这么多时间上网，但这些工具助推了上瘾习惯的养成。想看看推特或 Reddit 上更新的内容成了一种难以抑制的神经反射，把大块的时间粉碎，以至于无法支撑有目的性的生活。必须抵制这种行为。

>>>>>>>>>>>>>>>>>>>>>>>>>>>>>>>>>>>>>>>>>>>>>>>>>>>>>>>>>>>>>

## 第 2 周　第 1 天

每日目标

完工确认 □

| 任务： | 想法： |

日期 _____

# 第 2 周　第 2 天

每日目标

完工确认 ☐

| 任务： | 想法： |
| --- | --- |

日期_____

# 第 2 周　第 3 天

每日目标

完工确认 ☐

| 任务： | 想法： |
| --- | --- |

日期 _____

# 第 2 周　第 4 天

每日目标

完工确认 ☐

| 任务： | 想法： |
|---|---|

日期

# 第 2 周　第 5 天

每日目标

完工确认 ☐

| 任务： | 想法： |
|---|---|
| | |

日期

# 第 2 周　第 6 天

每日目标

完工确认 ☐

| 任务： | 想法： |
| --- | --- |

日期

## 第 2 周　第 7 天

每日目标

完工确认 □

| 任务： | 想法： |
| --- | --- |

日期

## 未来一周

浮浅工作是不可避免的,但必须将它限制住,不要妨碍你发展深层次能力,这才是最终决定你影响力的关键。

# 第 3 周　第 1 天

每日目标

完工确认 ☐

| 任务： | 想法： |
| --- | --- |

日期

# 第 3 周　第 2 天

**每日日标**

完工确认 ☐

| 任务： | 想法： |
|---|---|
| | |

日期

# 第 3 周　　第 3 天

每日目标

完工确认　☐

| 任务： | 想法： |
| --- | --- |

日期

# 第 3 周　第 4 天

每日目标

完工确认 ☐

| 任务： | 想法： |
| --- | --- |

日期_____

# 第 3 周　第 5 天

每日目标

完工确认 ☐

| 任务： | 想法： |
|---|---|
| | |

日期

# 第 3 周　第 6 天

每日目标

完工确认　☐

| 任务： | 想法： |
|---|---|
|  |  |

日期

# 第 3 周　第 7 天

每日目标

完工确认 ☐

| 任务： | 想法： |
| --- | --- |

日期_____

# 未来一周

▸▸▸▸▸▸▸▸▸▸▸▸▸▸▸▸▸▸▸▸▸▸▸▸▸▸▸▸▸▸▸▸▸▸▸▸▸▸▸▸▸▸▸▸▸▸▸▸▸▸▸▸▸▸▸▸▸▸▸▸

我对待时间块的态度非常认真。我的目标是确保在最后期限到来之前,在正确的事情上以正确的步调取得进展。对我来说,这种计划像是棋盘游戏。工作以区块的形式战略性地移动,大大小小的项目似乎都(刚好)有足够的时间来完成。

▸▸▸▸▸▸▸▸▸▸▸▸▸▸▸▸▸▸▸▸▸▸▸▸▸▸▸▸▸▸▸▸▸▸▸▸▸▸▸▸▸▸▸▸▸▸▸▸▸▸▸▸▸▸▸▸▸▸▸▸

## 第 4 周　第 1 天

每日目标

完工确认 ☐

任务：

想法：

日期

# 第 4 周　第 2 天

每日目标

完工确认　☐

| 任务： | 想法： |
| --- | --- |
|  |  |

日期

# 第4周  第3天

每日目标

完工确认 ☐

任务：　　　　　　　　　　　　想法：

日期

# 第 4 周　第 4 天

每日目标

完工确认 ☐

| 任务： | 想法： |
|---|---|
| | |

日期

# 第 4 周　第 5 天

**每日目标**

完工确认 ☐

| 任务： | 想法： |
| --- | --- |

日期

# 第 4 周　第 6 天

每日目标

完工确认 ☐

| 任务： | 想法： |
|---|---|

日期

# 第 4 周　第 7 天

**每日目标**

完工确认 ☐

| 任务： | 想法： |
| --- | --- |

日期_____

# 未来一周

脑海中浮现出的截止时间和待办任务总会让人筋疲力尽，无法全然放松。随着时间的推移，它们会导致你走向崩溃的边缘。然而，一旦弄清什么工作需要完成，什么时候完成，就会从肩膀上卸下一个重担。不确定性消失了：当你工作的时候，可以全身心投入面前的任务里，当你放松的时候，可以不带有任何焦虑。

# 第 5 周　第 1 天

每日目标

完工确认 ☐

| 任务： | 想法： |
| --- | --- |

日期_____

# 第 5 周　第 2 天

**每日目标**

完工确认 ☐

| 任务： | 想法： |
| --- | --- |

日期

# 第 5 周　第 3 天

每日目标

完工确认 ☐

| 任务： | 想法： |
| --- | --- |

日期 _____

# 第 5 周　第 4 天

每日目标

完工确认 ☐

| 任务： | 想法： |
|---|---|

日期

# 第 5 周　第 5 天

每日目标

完工确认 ☐

| 任务： | 想法： |
| --- | --- |

日期_____

# 第 5 周　第 6 天

每日目标

完工确认 ☐

| 任务： | 想法： |
| --- | --- |

日期

# 第 5 周　第 7 天

每日目标

完工确认 ☐

| 任务: | 想法: |
| --- | --- |

日期

## 未来一周

你的目标并不是不惜一切代价坚守既定的时间表，而是当计划随着时间的推移一次又一次修改时，总有一个声音提醒着你，接下来要做什么。

# 第 6 周　第 1 天

每日目标

完工确认 ☐

| 任务: | 想法: |

日期

# 第 6 周　第 2 天

每日目标

完工确认 ☐

| 任务： | 想法： |
| --- | --- |

日期 _____

# 第 6 周　第 3 天

每日目标

完工确认 ☐

| 任务： | 想法： |
|---|---|
|  |  |

日期 _____

# 第6周　第4天

每日目标

完工确认 ☐

**任务：** | **想法：**

日期

# 第 6 周　第 5 天

**每日目标**

完工确认 ☐

| 任务： | 想法： |
| --- | --- |

日期 _____

# 第 6 周　第 6 天

每日目标

完工确认 ☐

| 任务： | 想法： |
| --- | --- |

日期

# 第 6 周　第 7 天

**每日目标**

完工确认 ☐

| 任务： | 想法： |
| --- | --- |

日期

# 未来一周

梭罗（Thoreau）曾说："我认为我无法保持身体和精神健康，除非我每天花四个小时——通常不止四个小时——在林间漫步，翻过高山，穿过田野，完全从世俗的约束中脱离出来。"我们大多数人永远无法实现梭罗雄心勃勃的漫步伟业，但是如果我们能受到这种精神的鼓舞，尽可能多地花时间行走，参与到步行这种"崇高的艺术"当中，我们也能在保持身体和精神健康方面获得成功。

# 第7周　第1天

每日目标

完工确认. ☐

| 任务： | 想法： |
| --- | --- |

日期 _____

# 第 7 周　第 2 天

**每日目标**

完工确认 □

| 任务： | 想法： |
| --- | --- |

日期

# 第 7 周　第 3 天

每日目标

完工确认　☐

任务：　　　　　　　　　　　　想法：

日期 _____

# 第 7 周　第 4 天

每日目标

完工确认　☐

| 任务: | 想法: |
| --- | --- |

日期

# 第 7 周　第 5 天

**每日目标**

完工确认 ☐

| 任务： | 想法： |
| --- | --- |

日期 _____

# 第 7 周　第 6 天

每日目标

完工确认 ☐

| 任务： | 想法： |
| --- | --- |

日期 _____

# 第 7 周　第 7 天

**每日目标**

完工确认 ☐

| 任务： | 想法： |
| --- | --- |
|  |  |

日期_____

# 未来一周

我受到启发,至今都在避免注意力转移方面保持着这样一个习惯:记录每个月花在深入解决难题上的时间。这样的时间记录帮助我把注意力转回到自己作品的质量上。

# 第 8 周　第 1 天

每日目标

完工确认 ☐

| 任务： | 想法： |
| --- | --- |

日期

# 第 8 周　第 2 天

**每日目标**

完工确认 ☐

**任务:**　　　　　　　　　　　　　　　　**想法:**

日期

# 第 8 周　第 3 天

每日目标

完工确认 ☐

| 任务： | 想法： |
| --- | --- |

日期＿＿＿＿＿＿＿＿＿＿＿＿＿＿＿＿

# 第 8 周　第 4 天

每日目标

完工确认 ☐

| 任务： | 想法： |
| --- | --- |

日期＿＿＿＿＿＿＿＿＿＿

# 第 8 周  第 5 天

每日目标

完工确认 ☐

| 任务： | 想法： |
| --- | --- |

日期

# 第 8 周　第 6 天

**每日目标**

完工确认 ☐

| 任务： | 想法： |
|---|---|

日期

# 第 8 周　第 7 天

每日目标

完工确认 ☐

| 任务： | 想法： |
| --- | --- |

日期_____

# 未来一周

如果你对自己的空闲时间预估得过于乐观,很可能会把工作拖到来不及的时候。这会带来通宵工作、恐慌症发作以及表现不佳等后果。更加客观的时间观念是成功的重要因素之一。

## 第9周　第1天

每日目标

完工确认 □

| 任务： | 想法： |
|---|---|

日期

# 第 9 周　第 2 天

每日目标

完工确认 ☐

| 任务： | 想法： |
| --- | --- |

日期

# 第 9 周　第 3 天

每日目标

完工确认 ☐

| 任务： | 想法： |
| --- | --- |

日期_____

# 第 9 周　第 4 天

**每日目标**

完工确认 ☐

| 任务： | 想法： |
| --- | --- |

日期 _____

# 第 9 周　第 5 天

每日目标

完工确认 ☐

| 任务： | 想法： |
| --- | --- |

日期 _____

# 第 9 周　第 6 天

**每日目标**

完工确认 ☐

| 任务： | 想法： |
|---|---|
| | |

日期

# 第 9 周　第 7 天

每日目标

完工确认 ☐

| 任务: | 想法: |
| --- | --- |

日期 _____

# 未来一周

有时候人们会问，时间块的结构是否会从本质上扼杀创造力。我对这种担忧表示理解，但这种看法本身受到了误导。如果你能控制自己的日程表：（1）你可以将时间始终花在对追求创造性至关重要的工作上；（2）秩序性释放了压力，你才能更深入创造性的区块中产生更多的价值。

# 第 10 周　第 1 天

每日目标

完工确认 ☐

| 任务： | 想法： |
| --- | --- |

日期＿＿＿＿＿＿＿＿＿＿

# 第 10 周　第 2 天

**每日日标**

完工确认 ☐

| 任务： | 想法： |
| --- | --- |

日期 _____

# 第 10 周　第 3 天

每日目标

完工确认 ☐

| 任务： | 想法： |
| --- | --- |

日期_____

# 第 10 周　第 4 天

**每日目标**

完工确认 ☐

| 任务： | 想法： |
|---|---|
| | |

日期_____

# 第 10 周　　第 5 天

每日目标

完工确认 ☐

| 任务： | 想法： |
| --- | --- |

日期 _____

# 第 10 周　第 6 天

每日目标

完工确认 ☐

| 任务： | 想法： |
|---|---|
| | |

日期

# 第 10 周　第 7 天

每日目标

完工确认 ☐

| 任务： | 想法： |
| --- | --- |

日期

# 未来一周

> > > > > > > > > > > > > > > > > > > > > > > > > > > > > > > > > > > > > > > > > > > > > > > > > > > > > > > > > > > > > > >

养成深度工作习惯的关键是要超越良好的意图，在工作生活中增加一些例行公事和仪式，这样可以减少对有限的意志力的消耗，从而使你进入并保持在不间断的专注状态中。

> > > > > > > > > > > > > > > > > > > > > > > > > > > > > > > > > > > > > > > > > > > > > > > > > > > > > > > > > > > > > > >

# 第 11 周　第 1 天

每日目标

完工确认 □

| 任务： | 想法： |
|---|---|
|  |  |

日期 _____

# 第 11 周　第 2 天

每日目标

完工确认 ☐

**任务:**　　　　　　　　　　　**想法:**

日期＿＿＿＿＿＿＿＿＿＿

# 第 11 周　第 3 天

每日目标

完工确认 ☐

| 任务： | 想法： |
|---|---|

日期

# 第 11 周　第 4 天

每日目标

完工确认 ☐

| 任务： | 想法： |
| --- | --- |

日期_____

# 第 11 周　第 5 天

每日目标

完工确认 ☐

| 任务： | 想法： |
| --- | --- |

日期

# 第11周　第6天

每日目标

完工确认 ☐

| 任务： | 想法： |
| --- | --- |

日期

# 第 11 周　第 7 天

每日目标

完工确认 □

| 任务： | 想法： |
| --- | --- |

日期

# 未来一周

当我询问那些不需要悬梁刺股地学习就能获得全优的学生什么技能最关键的时候,他们表示是快速完成工作,且尽可能少地浪费精力的能力。那么他们是怎样实现这个目标的呢?最重要的一点是控制时间——他们通过在工作中的具体点上专注发力来提升效率。为了理解这种方法的威力,请参考以下简单的公式:完成的工作=花费的时间 × 专注的强度。

# 第 12 周　　第 1 天

每日目标

完工确认 ☐

| 任务： | 想法： |
| --- | --- |

日期 _____

# 第 12 周　第 2 天

**每日目标**

完工确认 ☐

| 任务： | 想法： |
|---|---|

日期_____

# 第 12 周　第 3 天

每日目标

完工确认 ☐

| 任务： | 想法： |
|---|---|

日期

# 第 12 周　　第 4 天

每日目标

完工确认 ☐

| 任务： | 想法： |
|---|---|

日期 _____

# 第 12 周　第 5 天

**每日目标**

完工确认 ☐

| 任务： | 想法： |
|---|---|
|  |  |

日期

# 第 12 周　第 6 天

**每日目标**

完工确认 ☐

| 任务: | 想法: |
|---|---|

日期_____

第 12 周　第 7 天

每日目标

完工确认 ☐

| 任务： | 想法： |
| --- | --- |

日期 _____

# 未来一周

>>>>>>>>>>>>>>>>>>>>>>>>>>>>>>>>>>>>>>>>>>>>>>>>>>>>>>>>

  在网络工具时代，知识工作者越来越常用浮浅工作来替代深度工作——像人型路由器一样不停收发邮件信息，注意力不断分散，频繁休息。深度思考有助于更大的努力，当做类似制定新的业务战略或撰写一份重要拨款申请这类需要深思熟虑的重要工作时，注意力四散会导致成品质量低下。

>>>>>>>>>>>>>>>>>>>>>>>>>>>>>>>>>>>>>>>>>>>>>>>>>>>>>>>>

# 第 13 周　第 1 天

每日目标

完工确认 ☐

| 任务： | 想法： |
| --- | --- |

日期

# 第 13 周　第 2 天

每日目标

完工确认 ☐

| 任务： | 想法： |
|---|---|

日期 _____

# 第 13 周　第 3 天

**每日目标**

完工确认 ☐

| 任务： | 想法： |
|---|---|
| | |

日期

# 第 13 周　第 4 天

**每日目标**

完工确认 ☐

| 任务： | 想法： |
| --- | --- |
| | |

日期

# 第 13 周　第 5 天

**每日目标**

完工确认 ☐

| 任务: | 想法: |
| --- | --- |
|  |  |

日期

# 第13周　第6天

每日目标

完工确认 ☐

| 任务： | 想法： |
| --- | --- |

日期_____

# 第 13 周　　第 7 天

每日目标

完工确认 ☐

| 任务： | 想法： |
| --- | --- |

日期_____

# 总　结

>>>>>>>>>>>>

你完成了 13 周的时间块计划。希望你在这段时间里有了更高的效率，更能控制自己的工作。在为接下来的 13 周进行计划之前，我们需要花些时间来分析刚刚过去这几周学到了哪些重要的内容。我建议你浏览一下自己的计划手册，看看下面这些信息：

- **目标完成情况**。查看目标完成情况，更好地了解这几周的工作。例如，如果你记录的是深度工作的时间，此时可以看看一般能完成几个小时。如果你对这个数字不满意，也许正是时候考虑更坚决地改变工作安排了。同样的，如果你发现这个目标实现起来很勉强，可以将其调整成更容易处理的内容。

- **计划修订**。检查自己修订计划表的次数，研究计划中断的原因。例如，你发现自己长期低估了某项工作所需的时间。（这点很关键！）如果干扰来自外部，比如你的老板经常跑到你的办公室里，让你"立刻看一下"他刚刚冒出来的想法，那么你需要制定一个流程，让自己在不打断日程安排的前提下处理这些要求，这也是很有意义的。

- **时间分配**。更广义地讲，回顾自己最近的时间安排，你会更理解自己实际是怎样把时间花掉的。每天的时间是不是总因为会议搞得四分五裂？使用电子邮件的时间和不使用电子邮件的比例是多少？大多数知识工作者从来不肯面对自己专业工作中的实际情况，但逼迫自己去面对它非常关键，虽然有时候让人很不舒服。想要从忙碌变得更有效率，你必须准确弄清自己是怎样把时间花掉的，找出这些令自己不满意的分配方式，然后坚定地解决它。

一旦回顾了这些信息，你就可以准备开始使用新的计划手册了，掌握了这些知识，新计划手册会帮助你成为更有效率的时间块执行者。在涉及自己的工作生活时，如果你不控制自己的时间，其他人就会代你来做这件事。希望行至此处，你已经意识到了第一种选择有怎样的优越性。

© 民主与建设出版社，2023

**图书在版编目（CIP）数据**

深度工作实操手册：不要让你的时间碎片化 /（美）卡尔·纽波特 (CAL NEWPORT) 著；袁婧译 . -- 北京：民主与建设出版社，2022.10

书名原文：THE TIME-BLOCK PLANNER

ISBN 978-7-5139-3993-5

Ⅰ . ①深… Ⅱ . ①卡… ②袁… Ⅲ . ①工作—效率—通俗读物 Ⅳ . ① C935-49

中国版本图书馆 CIP 数据核字 (2022) 第 229253 号

Copyright © 2020 by Calvin C. Newport
All rights reserved including the right of reproduction in whole or in part in any form.
This edition published by arrangement with Portfolio, an imprint of Penguin Publishing Group, a division of Penguin Random House LLC.
Simplified Chinese edition copyright © 2023 Ginkgo (Shanghai) Book Co., Ltd.
中文简体版权归属于银杏树下（上海）图书有限责任公司。

版权登记号：01-2023-1015

**深度工作实操手册：不要让你的时间碎片化**
SHENDU GONGZUO SHICAO SHOUCE: BUYAO RANGNI DE SHIJIAN SUIPIANHUA

| 著　　者 | ［美］卡尔·纽波特 | | |
|---|---|---|---|
| 译　　者 | 袁　婧 | | |
| 出版统筹 | 吴兴元 | 责任编辑 | 周佩芳 |
| 特约编辑 | 舒亦庭　邱涵斐 | 营销推广 | ONEBOOK |
| 封面设计 | 墨白空间·陈威伸 | | |
| 出版发行 | 民主与建设出版社有限责任公司 | | |
| 电　　话 | （010）59417747　59419778 | | |
| 社　　址 | 北京市海淀区西三环中路 10 号望海楼 E 座 7 层 | | |
| 邮　　编 | 100142 | | |
| 印　　刷 | 天津联城印刷有限公司 | | |
| 版　　次 | 2022 年 10 月第 1 版 | | |
| 印　　次 | 2023 年 4 月第 1 次印刷 | | |
| 开　　本 | 787 毫米 ×1092 毫米　1/16 | | |
| 印　　张 | 14.75 | | |
| 字　　数 | 120 千字 | | |
| 书　　号 | ISBN 978-7-5139-3993-5 | | |
| 定　　价 | 95.00 元 | | |

注：如有印、装质量问题，请与出版社联系。